COTORRAS SOBRE PUERTO RICO

Para Ruth, con amor—S.L.R.
Para mis hermanas, Julie y Susan—C.T.

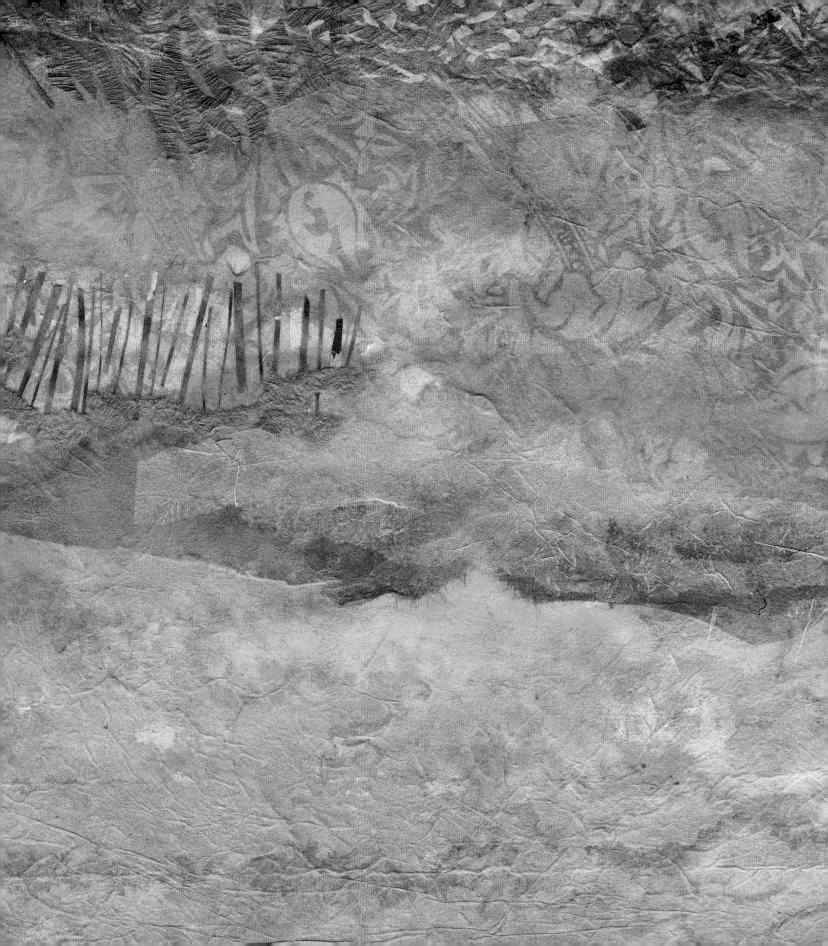

COTORRAS SOBRE PUERTO RICO

Susan L. Roth y **Cindy Trumbore**

collages de **Susan L. Roth**

traducido por **Eida de la Vega**

Lee & Low Books Inc. *New York*

Sobre las copas de los árboles de Puerto Rico vuela una bandada de cotorras tan verdes como su isla natal. Si miras hacia arriba, por encima del bosque, y tienes mucha suerte, es posible que veas el destello azul de las plumas de sus alas y escuches su agudo chillido.

Son las cotorras puertorriqueñas. Han vivido en esta isla durante millones de años, y una vez estuvieron a punto de desaparecer de la tierra para siempre. Esta es su historia.

Mucho antes de que los primeros pobladores llegaran a Puerto Rico, cientos de miles de cotorras volaban sobre la isla y los islotes cercanos. "¡Iguaca! ¡Iguaca!", chillaban las cotorras mientras buscaban nidos bien hundidos en la espesura de los altos árboles.

Abajo, las olas del mar Caribe y del océano Atlántico bañaban las playas de arenas blancas. Delicadas orquídeas y frondosos helechos, coquíes, ceibas repletas de semillas, y enormes y escamosas iguanas cubrían la tierra.

"¡Iguaca! ¡Iguaca!", chillaban las cotorras mientras volaban sobre las palmas de sierra para alimentarse con su fruto oscuro y amargo.

Alrededor del año 5000 AEC, a la isla llegó gente en canoa proveniente de las tierras del sur. Esos primeros pobladores sembraron maíz, yuca, boniatos, maní y piña. Cuando miraban hacia arriba, veían los destellos azules de las plumas de vuelo de las cotorras.

Más tarde arribaron otros pueblos. Los taínos llegaron alrededor del año 800 EC, y cazaron cotorras para alimentarse, además de domesticarlas como mascotas. Las llamaron iguacas, nombre derivado del agudo chillido que hacen las cotorras. También le dieron un nombre a la isla: Boriquén.

"¡Iguaca! ¡Iguaca!", chillaban las cotorras mientras los huracanes tumbaban los viejos árboles donde habían hecho sus nidos. Cuando pasaban los huracanes, las cotorras volaban entre las copas de los árboles en busca de nuevos sitios donde anidar.

Cristóbal Colón zarpó de Europa a Boriquén en 1493 y reclamó la isla para España. Poco después, los colonos españoles comenzaron a plantar cosechas en la isla, y a construir casas y escuelas de madera, ladrillos y piedra. Cada vez que los huracanes destruían sus casas y escuelas, las volvían a construir.

Los españoles llamaron "cotorras" a las iguacas, y le dieron un nuevo nombre a la isla: Puerto Rico.

En las copas de los árboles, las cotorras buscaban pareja. Las parejas de cotorras se posaban en las ramas, se hacían reverencias, se llamaban una a la otra y se ahuecaban las alas y las colas. Todos los años, cada pareja tenía una familia de polluelos.

Entonces, de muchas otras partes del mundo empezó a llegar gente que se quedó a vivir en Puerto Rico. En 1513, fueron llevados a la isla africanos para que trabajaran como esclavos bajo el sol ardiente, en los cañaverales y otras cosechas.

También llegó gente de España, que terminó casándose con taínos y africanos. Aunque se consideraban boricuas, es decir, gente de Boriquén, eran gobernados por España.

"¡Iguaca! ¡Iguaca!", chillaban las cotorras cuando los guaraguaos
colirrojos las perseguían entre las copas de los árboles. Las cotorras se
juntaban en bandadas para protegerse de los guaraguaos.

Durante siglos, gente de otros países de Europa intentó apoderarse
de Puerto Rico. Querían controlar la profunda bahía de San Juan, ciudad
capital, desde la cual podían zarpar barcos mercantes y buques de guerra.

Entonces los boricuas protegieron su isla. En 1539 comenzaron a
construir un fuerte, que creció y creció hasta que sus muros alcanzaron
18 pies (5,5 metros) de grosor. Durante cientos de años ningún país fue
capaz de arrebatarle Puerto Rico a España.

"¡Iguaca! ¡Iguaca!", chillaban las cotorras cuando encontraban sus nidos invadidos por criaturas que los colonos habían llevado a la isla. Ratas negras que habían llegado en los barcos de los colonos subían a los altos árboles y se comían los huevos de las cotorras. Abejas melíferas que se escapaban de las colmenas se metían en los nidos de las cotorras.

En 1898, Estados Unidos le declaró la guerra a España. En realidad, la guerra era en Cuba, otra de las colonias españolas, pero la lucha llegó a Puerto Rico. En la isla desembarcaron miles de soldados estadounidenses, que combatieron contra las tropas españolas. España perdió la guerra y el control de Puerto Rico, la isla se convirtió en territorio de Estados Unidos, y en 1917 los puertorriqueños pasaron a ser ciudadanos estadounidenses.

"¡Iguaca! ¡Iguaca!", chillaban las cotorras ante la tala de los bosques donde anidaban. Entonces empezaron a desaparecer de los lugares donde habían volado durante millones de años. En 1937, las cotorras puertorriqueñas de la sierra de Luquillo, al este de la isla, se habían reducido a 2000. Unos años más tarde, solo quedaban cotorras en El Yunque, una selva tropical que es parte de esa sierra.

Después de adquirir la ciudadanía estadounidense, muchos puertorriqueños se mudaron a Estados Unidos. Quienes se quedaron a vivir en zonas rurales de la isla construyeron casas y granjas en las áreas donde vivían las cotorras. Muchos de los viejos y altos árboles de las cotorras se convirtieron en carbón para cocinar. La gente también siguió cazando y poniendo trampas a las cotorras.

En la década de 1950, unos pájaros llamados zorzales pardos se mudaron a la selva tropical y trataron de robarse los agujeros de los árboles donde anidaban las cotorras. Como astutos ladrones, estos pájaros entran en lugares donde otros pájaros luchan para vivir, y compiten con ellos por sitios donde hacer sus nidos. Las cotorras se enfrentaron a los zorzales, lanzándoles picotazos y defendiendo sus nidos con agudos chillidos. Pero las cotorras tenían demasiados enemigos y muy pocos árboles. La bandada se reducía cada vez más, hasta que en 1954 solo quedaban 200 cotorras.

Los puertorriqueños eligieron a su primer gobernador y la isla pasó a ser un estado libre asociado de Estados Unidos —no un estado, no una nación independiente, sino algo intermedio—. La gente ha discutido si debería su isla seguir siendo un estado libre asociado, si debería ser un estado, o si debería independizarse de Estados Unidos. Todo el mundo piensa diferente, pero todos se han enorgullecido de decir: "Soy boricua. Soy puertorriqueño".

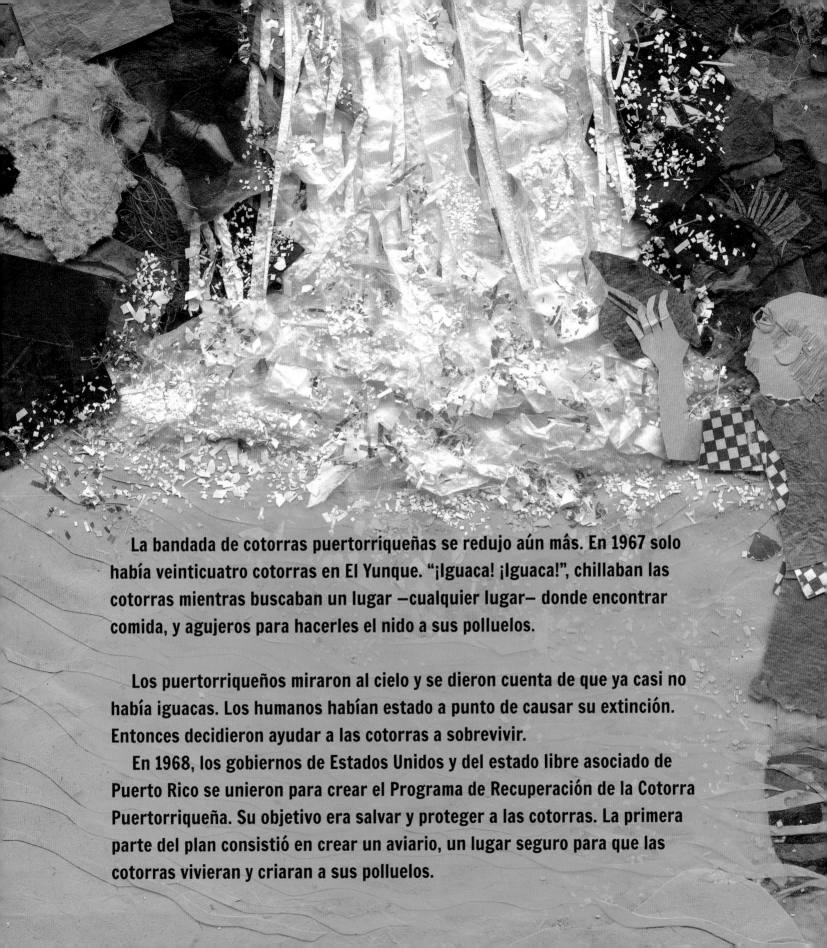

La bandada de cotorras puertorriqueñas se redujo aún más. En 1967 solo había veinticuatro cotorras en El Yunque. "¡Iguaca! ¡Iguaca!", chillaban las cotorras mientras buscaban un lugar —cualquier lugar— donde encontrar comida, y agujeros para hacerles el nido a sus polluelos.

Los puertorriqueños miraron al cielo y se dieron cuenta de que ya casi no había iguacas. Los humanos habían estado a punto de causar su extinción. Entonces decidieron ayudar a las cotorras a sobrevivir.

En 1968, los gobiernos de Estados Unidos y del estado libre asociado de Puerto Rico se unieron para crear el Programa de Recuperación de la Cotorra Puertorriqueña. Su objetivo era salvar y proteger a las cotorras. La primera parte del plan consistió en crear un aviario, un lugar seguro para que las cotorras vivieran y criaran a sus polluelos.

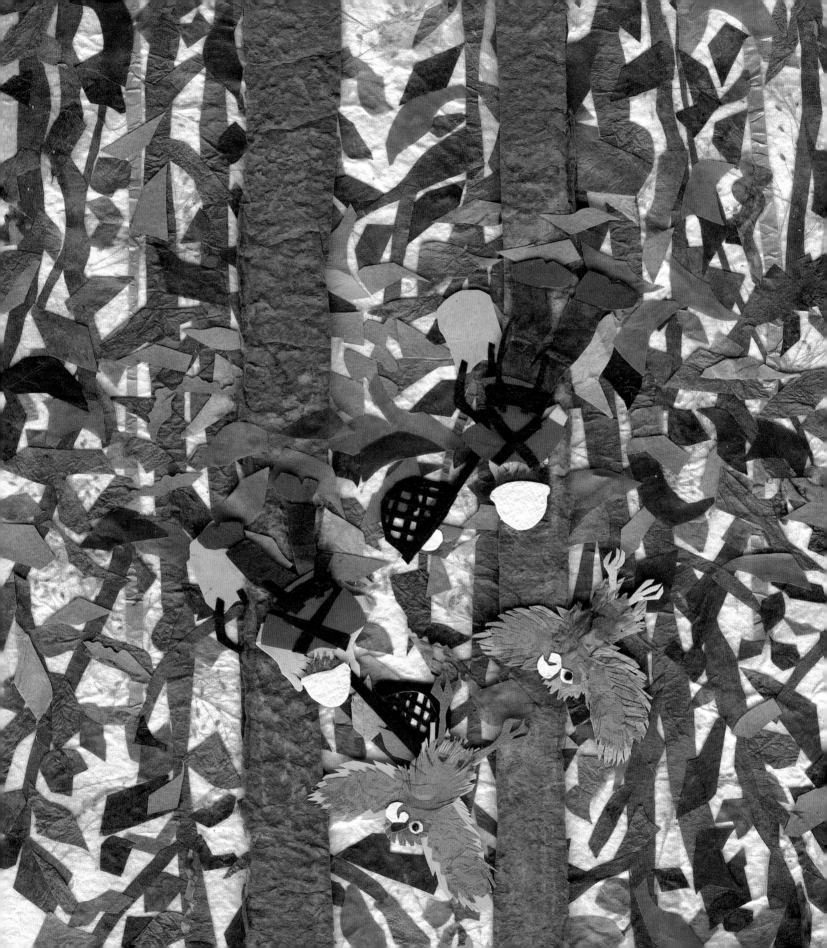

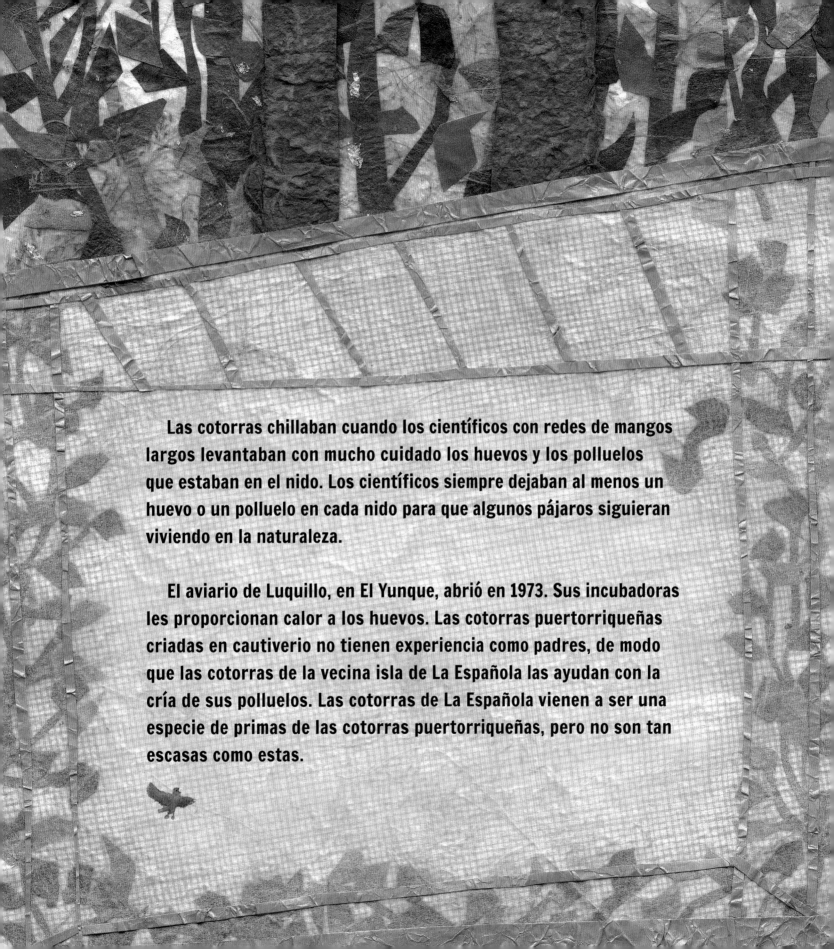

Las cotorras chillaban cuando los científicos con redes de mangos largos levantaban con mucho cuidado los huevos y los polluelos que estaban en el nido. Los científicos siempre dejaban al menos un huevo o un polluelo en cada nido para que algunos pájaros siguieran viviendo en la naturaleza.

El aviario de Luquillo, en El Yunque, abrió en 1973. Sus incubadoras les proporcionan calor a los huevos. Las cotorras puertorriqueñas criadas en cautiverio no tienen experiencia como padres, de modo que las cotorras de la vecina isla de La Española las ayudan con la cría de sus polluelos. Las cotorras de La Española vienen a ser una especie de primas de las cotorras puertorriqueñas, pero no son tan escasas como estas.

Hubo una época en que había cientos de miles de cotorras puertorriqueñas volando sobre la isla. En 1975 solo quedaban trece cotorras en la selva tropical.

Los científicos, preocupados, construyeron nidos artificiales que colocaron en zonas donde anidan las cotorras. Las cotorras inspeccionaron esos nidos artificiales y se mudaron a ellos.

Eran profundos y oscuros, como los agujeros para anidar que las cotorras puertorriqueñas tenían en la naturaleza. Un ave que esté en la parte de arriba del nido no puede ver el fondo. A los zorzales pardos les gusta ver el fondo de sus nidos, así que dejan los nidos artificiales de las cotorras en paz.

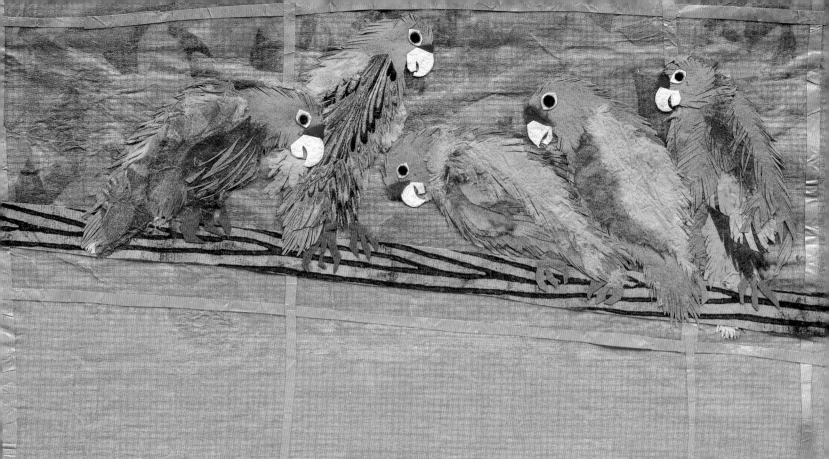

Las cotorras salvajes chillaban cuando los científicos les colocaban en el nido polluelos del aviario para que les enseñaran a vivir en estado silvestre. En 1979, el primer polluelo criado en un aviario salió volando de un nido en la naturaleza a la selva tropical.

Los científicos trabajaron muy duro para mantener a las cotorras saludables, tanto a las cautivas como a las que estaban en la naturaleza. Una vez rescataron a un polluelo que se había dañado las alas a causa de una sustancia pegajosa que había en su nido. Los científicos reconstruyeron las alas del polluelo usando plumas de cotorra, alfileres y pegamento, y contemplaron cómo la cotorra usaba sus nuevas alas por primera vez.

A fines de 1979 había quince cotorras cautivas. La mayoría había salido de huevos, o eran polluelos trasladados de los nidos en la naturaleza al aviario.

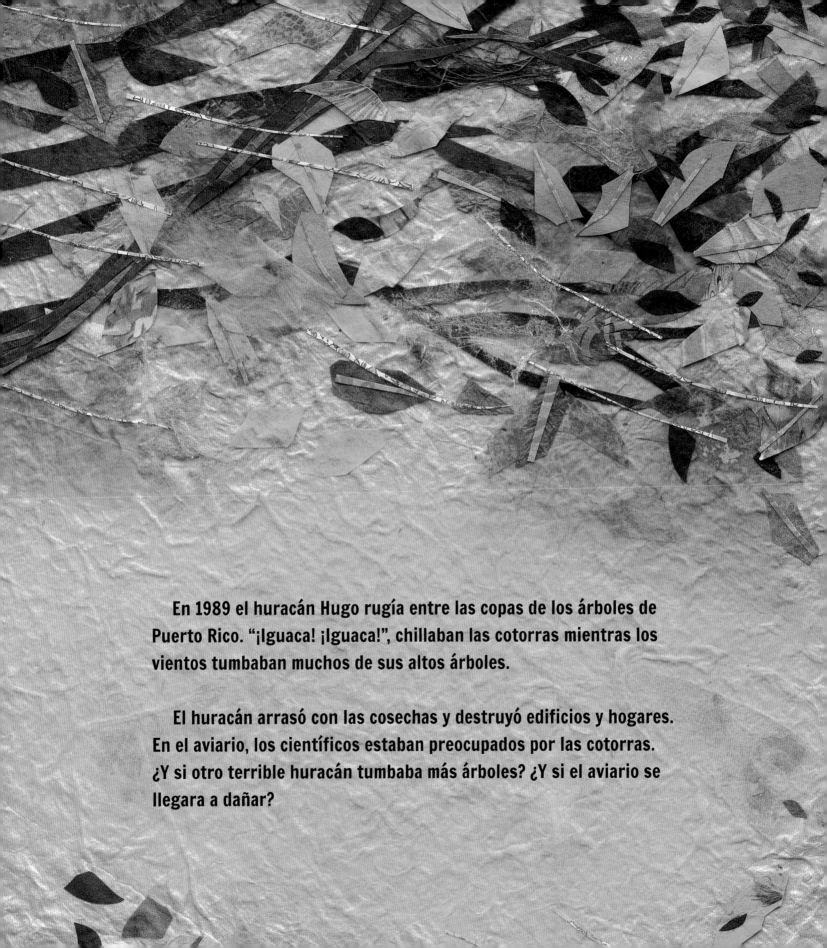

En 1989 el huracán Hugo rugía entre las copas de los árboles de Puerto Rico. "¡Iguaca! ¡Iguaca!", chillaban las cotorras mientras los vientos tumbaban muchos de sus altos árboles.

El huracán arrasó con las cosechas y destruyó edificios y hogares. En el aviario, los científicos estaban preocupados por las cotorras. ¿Y si otro terrible huracán tumbaba más árboles? ¿Y si el aviario se llegara a dañar?

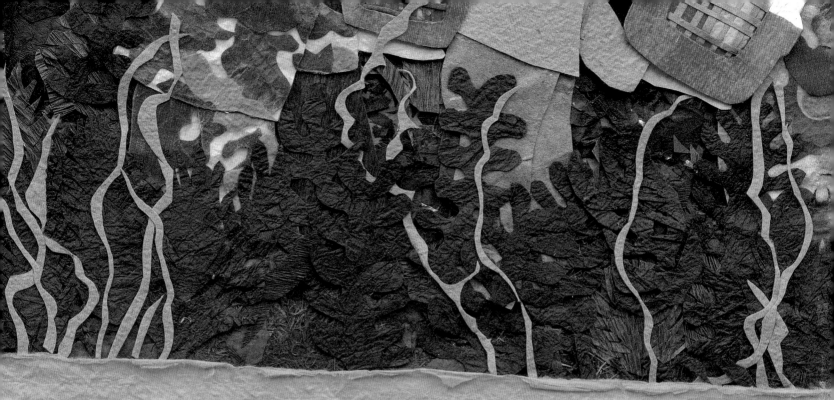

"¡Iguaca! ¡Iguaca!", chillaba un grupo de cotorras mientras los científicos las mudaban del aviario de Luquillo a un aviario nuevo, en el Bosque Estatal de Río Abajo. Este bosque es menos húmedo que El Yunque, y hubo un tiempo en que ahí también habitaron muchas cotorras. Ahora había dos lugares seguros para que las cotorras en cautiverio vivieran y criaran a sus polluelos.

El aviario de Río Abajo se inauguró en 1993, no sin desafíos. Las frecuentes tormentas eléctricas dejaban las incubadoras sin electricidad, por lo que los científicos tuvieron que buscar generadores para mantener el flujo eléctrico hacia las incubadoras.

Los científicos también probaron ideas nuevas, como apartar las parejas de cotorras más agresivas de las más nobles, para que las más nobles no se asustaran. Además, pusieron en una misma jaula cotorras jóvenes y cotorras adultas, para que las primeras pudieran aprender de las segundas. El número de cotorras en el aviario se incrementó. Para 1999, el aviario de Río Abajo tenía cincuenta y cuatro cotorras puertorriqueñas. El programa de recuperación estaba listo para la próxima fase del plan: soltar en la naturaleza cotorras adultas criadas en cautiverio.

En la primavera del año 2000, diez cotorras criadas en cautiverio fueron liberadas en El Yunque. Los polluelos silvestres habían abandonado el nido, y las cotorras adultas todavía andaban cerca, de modo que las cotorras criadas en cautiverio podían verlas y unirse a ellas. "¡Iguaca! ¡Iguaca!", chillaban las cotorras mientras volaban junto a las recién llegadas en busca de alimento.

Las cotorras criadas en cautiverio habían sido entrenadas para buscar comida y huir de los halcones, pero muchas fueron presa de estos. Por eso, las próximas dieciséis cotorras recibieron un entrenamiento adicional antes de ser liberadas en 2001. Escuchaban el silbido de un halcón mientras pasaba la silueta de un halcón sobre la jaula. Veían un halcón entrenado atacar una cotorra de La Española, cubierta con una chaqueta de piel como protección. Poco a poco, las cotorras aprendieron a quedarse quietas o a esconderse si había cerca un halcón. Cuando las liberaron, un mayor número pudo sobrevivir en estado silvestre.

Los científicos estaban listos para crear una segunda bandada de aves salvajes.
En 2006, liberaron veintidós cotorras criadas en cautiverio en el Bosque Estatal de
Río Abajo. Las aves recién liberadas formaron parejas, encontraron nidos artificiales
y criaron a sus polluelos. Docenas de cotorras han sido liberadas en Río Abajo desde
entonces, y se han empezado a extender por todo el bosque.

*Si miras hacia arriba, por encima del bosque, y tienes mucha suerte, es
posible que veas el destello azul de las plumas de unas alas. Son las cotorras
puertorriqueñas. Han vivido en esta isla durante millones de años y estuvieron
a punto de desaparecer de la tierra para siempre. Pero todavía siguen volando
sobre Puerto Rico, chillando "¡Iguaca! ¡Iguaca!".*

Posfacio

Cotorras en estado silvestre, volando en El Yunque, con sus plumas de vuelo azules

Guaraguao colirrojo

Cotorra puertorriqueña

Zorzal pardo

La cotorra puertorriqueña (*Amazona vittata*) es la única cotorra nativa de Estados Unidos y sus territorios. Es un ave llamativa, de cerca de 1 pie (30,5 centímetros) de largo, plumas verdes, plumas de vuelo azules, una mancha roja en la frente y amplios anillos blancos alrededor de los ojos. Las cotorras emiten un llamado distintivo cuando vuelan "¡Iguaca! ¡Iguaca!", probablemente para comunicarles a otras cotorras su dirección y velocidad. Los científicos estiman que, a fines del siglo XV, cuando Cristóbal Colón llegó a Puerto Rico, la población oscilaba entre cien mil y un millón de pájaros entre la isla principal de Puerto Rico y las cercanas de Culebra, Vieques y Mona.

La historia de las cotorras está estrechamente unida a la de Puerto Rico. El número de cotorras empezó a disminuir en los siglos XIX y XX, a medida que los árboles donde estas construían sus nidos eran talados para obtener madera o para usar el terreno para la agricultura. La presencia de enemigos naturales como los halcones de cola roja o los guaraguaos colirrojos, la competencia por los sitios para anidar como la que sostienen con el zorzal pardo, la captura de las cotorras jóvenes como mascotas y los tremendos huracanes que devastaron las áreas donde anidan, también contribuyeron a reducir su número considerablemente. Las cotorras puertorriqueñas son unas de las aves más amenazadas del mundo.

Ricardo Valentín de la Rosa, administrador del aviario de Río Abajo, revisando los nidos cautivos; el peculiar gorrito y el chaleco les indica a las cotorras que él no tiene intenciones de hacerles daño a sus huevos.

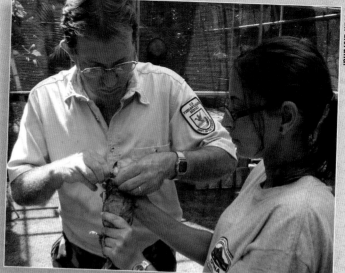

Thomas H. White, del Servicio Federal de Pesca y Vida Silvestre, y Ana Estrella, del Departamento de Recursos Naturales y Ambientales de Puerto Rico, le ponen una etiqueta de identificación a una cotorra antes de soltarla.

El Programa de Recuperación de la Cotorra Puertorriqueña (PRPRP, por sus siglas en inglés) está dedicado a conservar, proteger y gestionar tanto las poblaciones de cotorras en cautiverio como las salvajes, para que su estatus cambie de especie en peligro de extinción a especie amenazada. Creado en 1968, el PRPRP es un esfuerzo cooperativo entre el Servicio Federal de Pesca y Vida Silvestre, el Servicio Forestal de Estados Unidos, el Departamento de Recursos Naturales y Ambientales de Puerto Rico y el Servicio Geológico de Estados Unidos. El objetivo del PRPRP es tener poblaciones autosuficientes de aves en la naturaleza, en al menos tres zonas: El Yunque, un bosque tropical en la sierra de Luquillo; el Bosque Estatal de Río Abajo, un bosque más seco en el noroeste de Puerto Rico, y el agreste bosque de Maricao, donde se introdujo un tercio de la población de cotorras en 2016.

Hembra de cotorra liberada en el Bosque Estatal de Río Abajo, con un transmisor para localizarla.

Chaqueta de cuero usada para proteger a las cotorras de La Española del ataque de los halcones, durante el entrenamiento para desarrollar la aversión a predadores.

Jaula de vuelo en el aviario de Río Abajo; los polluelos ya emplumados viven en estas jaulas hasta que los sueltan en la naturaleza.

La existencia de múltiples bandadas de cotorras en distintos lugares tiene muchos beneficios, ya que aumenta la probabilidad de que sobrevivan desastres naturales como los huracanes. Las cotorras que se aparean con aves de una bandada diferente tienen un acervo genético más rico, y sus polluelos tienen una mayor probabilidad de supervivencia. En zonas vastas, como Río Abajo, la creciente población de cotorras silvestres puede extenderse cada vez más lejos del aviario. La dos primeras cotorras que nacieron en un nido en la naturaleza en más de doscientos años fueron encontradas cerca de Río Abajo en 2014.

Cotorras cautivas en el aviario de Río Abajo

Incubadora con huevos, en el aviario de Río Abajo; los huevos blancos son los de las cotorras puertorriqueñas y los marrones son huevos falsos que se colocarán en el nido de una cotorra, si hubiera que quitarles los huevos por razones de seguridad.

Polluelos del aviario de Río Abajo, pertenecientes a la temporada de reproducción en cautiverio de 2010.

Cotorras silvestres liberadas en el 2007 en el Bosque Estatal de Río Abajo; el macho de la derecha se inclina ante la hembra.

Nido artificial en un árbol en el aviario de Río Abajo

Pareja de cotorras en un nido artificial en El Yunque

Huevos en un nido artificial en cautiverio, etiquetados según su destino: el campo, otro aviario, o padres adoptivos.

La tasa de supervivencia de las cotorras crece a medida que se liberan más aves. Pero en 2017 el huracán María pasó sobre Puerto Rico, trayendo vientos devastadores que tumbaron muchos árboles y destruyeron sus hojas. Las cotorras cautivas sobrevivieron, pero casi ninguna cotorra silvestre de El Yunque logró sobrevivir. El huracán también causó la muerte de cerca de 50 de las 134 cotorras de Río Abajo, y el nuevo programa del bosque de Maricao se detuvo por completo.

Cotorra (en el transportín) lista para ser liberada en El Yunque

Con mucha paciencia, los trabajadores empezaron a reparar los aviarios y a volver a formar las bandadas. Su dura labor valió la pena. Cuando terminó la temporada de apareamiento del 2021, había 170 cotorras silvestres en Río Abajo —con un récord de 60 polluelos de nidos en la naturaleza— y 30 en El Yunque. Se planea liberar cotorras cautivas en el bosque de Maricao en el 2022. Una vez más, las bandadas de aves silvestres conducirán y protegerán a las aves recién liberadas.

La recuperación de la cotorra puertorriqueña es un tributo al dedicado personal de los aviarios. Estas son las palabras de Ricardo Valentín de la Rosa, administrador del aviario de Río Abajo: "He dedicado mi vida a salvar a estas criaturas extraordinarias, que son profundamente emotivas, muy independientes, y es una verdadera pesadilla conseguir que se apareen en cautiverio". La respetuosa aproximación científica a las aves cautivas y silvestres es un modelo para cualquier programa dedicado a proteger y administrar una especie en peligro de extinción.

Cotorra puertorriqueña por la noche

Fechas importantes en la historia de Puerto Rico y de las cotorras puertorriqueñas

c. 5000 AEC: Los primeros pobladores llegan a Puerto Rico provenientes de América del Sur

c. 2000 AEC: Llega gente de América Central

c. 800 EC: Los indígenas arahuacos de América del Sur viajan a Puerto Rico; se les llama taínos

1493: Cristóbal Colón desembarca en Puerto Rico en su segundo viaje a las Indias Occidentales

1508: Juan Ponce de León funda un asentamiento en Puerto Rico; se construye la primera escuela de la isla

1513: Llegan los primeros africanos a Puerto Rico; el gobierno español les da permiso a los colonos para casarse con taínos

1528: Soldados franceses atacan muchos asentamientos puertorriqueños; la ciudad capital, San Juan, sobrevive

1539: Empieza la construcción del fuerte de San Felipe del Morro, que continúa por cuatrocientos años

1595: La armada británica trata de capturar Puerto Rico, pero fracasa

1598: La armada británica ataca y se apodera de Puerto Rico durante varios meses, pero huye cuando empiezan brotes de peste bubónica entre sus tropas

1625: Tropas holandesas atacan San Juan y derrotan a los soldados españoles

1702: Soldados británicos atacan la ciudad de Arecibo, sin éxito

1797: Cuando España y Francia le declaran la guerra a Inglaterra, tropas británicas invaden Puerto Rico; voluntarios puertorriqueños y soldados españoles repelen el ataque de miles de soldados británicos

1868: En la ciudad de Lares, un grupo de puertorriqueños se alza contra el gobierno español; la rebelión es planeada por el Dr. Ramón Emeterio Betances, y las tropas las dirige Manuel Rojas

1873: Abolición de la esclavitud en Puerto Rico

c. 1890: Bandadas de 50 a 200 cotorras se ven por el noroeste de Puerto Rico, incluyendo el Bosque Estatal de Río Abajo

1898: España pierde la Guerra de 1898 y cede Puerto Rico a Estados Unidos

1917: Los puertorriqueños se convierten en ciudadanos estadounidenses

1935: En la sierra de Luquillo, el Servicio Forestal de Estados Unidos empieza un programa de tala de árboles considerados inferiores, para usar su madera; son derribados muchos árboles de palo colorado, que es donde las cotorras puertorriqueñas con frecuencia anidan

1937: Empleados del Servicio Forestal de Estados Unidos estiman en 2000 el número de cotorras puertorriqueñas

1940: Solo se encuentran cotorras en el Bosque Nacional El Yunque

1948: Luis Muñoz Marín se convierte en el primer gobernador electo de Puerto Rico

1952: Puerto Rico se convierte en estado libre asociado de Estados Unidos

1954: En El Yunque se cuentan unas 200 cotorras puertorriqueñas

c. 1950: Los zorzales pardos, que apenas se conocían en El Yunque hasta ese momento, se extienden por el bosque y compiten con las cotorras puertorriqueñas por los sitios para anidar

1967: Alrededor de 24 cotorras puertorriqueñas permanecen en Puerto Rico; la cotorra puertorriqueña es clasificada como una especie en peligro de extinción

1968: Se funda el Programa de Recuperación de la Cotorra Puertorriqueña (PRPRP, por sus siglas en inglés), dedicado a estudiar y salvar a estas aves

1970: El PRPRP empieza un programa de aparamiento en cautiverio en la sierra de Luquillo

1973: El aviario de Luquillo abre en El Yunque

1975: Solo quedan 13 cotorras puertorriqueñas en estado silvestre

1976: El PRPRP empieza a colocar en los árboles nidos artificiales para las cotorras

1979: El aviario de Luquillo tiene 15 aves cautivas; el primer polluelo de cotorra puertorriqueña criado en cautiverio vuela de su nido en la naturaleza

1989: El huracán Hugo devasta Puerto Rico, tumbando muchos árboles cuyas frutas, flores y hojas constituyen la dieta de las cotorras puertorriqueñas; solo 22 cotorras sobreviven en estado silvestre

1993: El primer grupo de cotorras puertorriqueñas es transferido a un nuevo aviario, en el bosque Río Abajo

1994: La primera temporada de aparamiento en el aviario de Río Abajo produce 2 polluelos de cotorra puertorriqueña

1999: El aviario de Río Abajo tiene una población de 54 cotorras puertorriqueñas

2000: Las 10 primeras cotorras puertorriqueñas criadas en cautiverio en el aviario de Luquillo son liberadas en El Yunque

2001: Otras 16 cotorras puertorriqueñas, entrenadas para encontrar alimento en la naturaleza y evitar depredadores, son liberadas en El Yunque

2002: Otras 9 cotorras puertorriqueñas criadas en cautiverio son liberadas en El Yunque; entre los dos aviarios hay un total de 144 aves cautivas

2006: Las primeras 22 cotorras puertorriqueñas, equipadas con radiotransmisores para su monitoreo, son liberadas en el bosque de Río Abajo; el aviario de Río Abajo produce un número récord de polluelos en una temporada

(continúa en la próxima página)

(29), lo cual constituye un punto de inflexión ya que, al producir más polluelos que los que libera, el programa se vuelve autosustentable

2007: El Servicio Federal de Pesca y Vida Silvestre sustituyó el aviario de Luquillo por uno más moderno, llamado Aviario Iguaca, en el mismo bosque de Luquillo; este incluye una sala de huracanes para proteger a las cotorras en caso de tormenta

2008: Más cotorras puertorriqueñas fueron liberadas en el bosque de Río Abajo, donde se ven 2 nidos activos

2012: El aviario de Río Abajo tiene 10 parejas reproductoras de cotorras en estado silvestre; entre 60 y 95 aves silvestres viven entre los dos bosques, y cerca de 150 aves cautivas en cada aviario

Los puertorriqueños se muestran a favor de un referendo no vinculante para cambiar el estatus de Puerto

Rico, expresando una preferencia para convertirse en el estado cincuenta y uno de Estados Unidos, pero por muchas razones es improbable que el estatus de la isla cambie en un futuro cercano

2013: La temporada de apareamiento de 2013 produce un número récord de 100 polluelos

2021: Al final de la temporada de apareamiento, hay 200 cotorras en estado silvestre en Río Abajo y El Yunque

Fuentes de las autoras

"Amazona vittata." Lista Roja de Especies Amenazadas de la UICN 2012. http://www.iucnredlist.org/apps/redlist/details/106001666/0.

Breining, Greg. "A Fighting Chance: The Puerto Rican Parrot Makes a Comeback." *Audubon* (septiembre-octubre 2009): 91-95.

Fox, Ben. "Endangered Puerto Rican Parrot on the Rise." Associated Press, 25 de junio de 2011.

Kirkpatrick, Randy. "The Decline, Recovery, and Captive Management Potential of the Puerto Rican Parrot." *Proceedings of the 1994 Annual Conference of the Southeast Association of Fish and Wildlife Agencies* 48: 401-410.

Moores, Charlie. "The Puerto Rican Parrot." *Talking Naturally* (blog), 4 de enero de 2009. http://www.talking-naturally.co.uk/puerto-rican-parrot/.

"Prehistory of the Caribbean Culture Area." Servicio de Parques Nacionales. http://www.nps.gov/seac/caribpre.htm.

"Puerto Rican Amazon *Amazona vittata*." BirdLife International (2012) Hoja de datos de la especie. 10 de junio de 2012. http://www.birdlife.org/datazone/speciesfactsheet.php?id=1666.

"Puerto Rican Parrot." Audubon.org: Audubon WatchList. http://audubon2.org/watchlist/viewSpecies.jsp?id=168.

"Puerto Rican Parrot." Servicio Federal de Pesca y Vida Silvestre. http://www.fws.gov/southeast/prparrot/pdf/PR_parrot_FS.pdf.

"Programa de Recuperación de la Cotorra Puertorriqueña (Aviario de Río Abajo)." Chirping Central. http://chirpingcentral.site-ym.com/?page=puerto_ricanricargeo.

Snyder, Noel F. R., James W. Wiley, y Cameron B. Kepler. *The Parrots of Luquillo: Natural History and Conservation of the Puerto Rican Parrot*. Los Ángeles, CA: Western Foundation of Vertebrate Zoology, 1987.

Stafford, Dr. Mark L. "The Crown Jewel of Puerto Rico." Parrots International. http://www.parrotsinternational.org/Species_Pages/Puerto_Rican_Amazon_pages/PR_Parrot_status_page.htm.

Stille, Darlene R. *Puerto Rico*. Danbury, CT: Children's Press, 2009.

Valentín de la Rosa, Ricardo. "Conservation: The Puerto Rican Parrot at the Río Abajo Aviary." *Parrot Life* 4 (2007): 10-13.

———. "La cotorra de Puerto Rico Amazona vittata vittata Boddaert 1783 en el carso." (sinopsis). *Focus* 4, no. 2 (2005): 39-46.

———. Entrevista personal con las autoras. Bosque Estatal de Río Abajo, Puerto Rico: 19 de junio de 2012; entrevista por correo electrónico 21 de enero de 2022.

Wagenheim, Kal y Olga Jiménez de Wagenheim, eds. *The Puerto Ricans: A Documentary History*. Princeton, NJ: Markus Wiener Publications, 2008.

"Welcome to Puerto Rico! History." http://www.topuertorico.org/history.

White, Thomas H., Jr., Jaime A. Collazo y Francisco J. Villela. "Survival of Captive-Reared Parrots Released in the Caribbean National Forest." *The Condor* 107 (2005): 424-432.

———, y Fernando Núñez-García. "From Cage to Rainforest." *Endangered Species Bulletin* 28, no. 4 (julio-diciembre 2003): 16.

———. Entrevista personal con las autoras. Río Grande, Puerto Rico: 10 de junio de 2012; entrevista por correo electrónico 20 de enero de 2022.

Agradecimientos

Agradecimientos especiales a Thomas H. White Jr., biólogo de la vida silvestre del Servicio Federal de Pesca y Vida Silvestre, y Ricardo Valentín de la Rosa, administrador del aviario de Río Abajo, por sus críticas al texto, el regalo generoso de su tiempo durante las entrevistas y las fotografías que nos dieron; y a todo el personal del aviario de Río Abajo, por la inolvidable visión de las cotorras puertorriqueñas en vuelo. Nuestras sinceras gracias a Olga Jiménez de Wagenheim, profesora emérita de Historia de Rutgers University, y a Kal Wagenheim, editor de *Caribbean UPDATE*, por su lectura crítica de la información histórica y sus valiosos comentarios. S.L.R. también desea agradecer a Olga Guartan, Nancy Patz, Jasmin Rubero, JAAAHLE y MP por su apoyo.

Editado por Louise E. May • Traducción del texto por Eida de la Vega • Diseño del libro por Christy Hale
Producción del libro por The Kids at Our House • El texto de este libro usa la fuente François One
Hecho en China por Jade Productions
(pb) 10 9 8 7 6 5 4 3 2 1
Primera edición

Library of Congress Cataloging-in-Publication Data
Names: Roth, Susan L., author, illustrator. | Trumbore, Cindy, author. | Vega, Eida de la, translator.
Title: Cotorras sobre Puerto Rico / Susan L. Roth y Cindy Trumbore; collages de Susan L. Roth; traducido por Eida de la Vega.
Other titles: Parrots over Puerto Rico. Spanish
Description: Primera edición. | New York : Lee & Low Books Inc., [2022] | Includes bibliographical references. | Audience: Ages 6-11 | Audience: Grades 2-3 | Summary: "A combined history of the Puerto Rican parrot and the island of Puerto Rico, highlighting current efforts to save the Puerto Rican parrot by protecting and managing this endangered species"–Provided by publisher.
Identifiers: LCCN 2022011522 | ISBN 9781643796208 (paperback) | ISBN 9781643796314 (ebk)
Subjects: LCSH: Puerto Rican parrot–Juvenile literature. | Puerto Rican parrot–Conservation–Juvenile literature. | Endangered species–Puerto Rico–Juvenile literature. | Natural history–Puerto Rico–Juvenile literature. | Puerto Rico–Environmental conditions–Juvenile literature.
Classification: LCC QL696.P7 R6818 2022 | DDC 598.7/1097295–dc23/eng/20220524
LC record available at https://lccn.loc.gov/2022011522

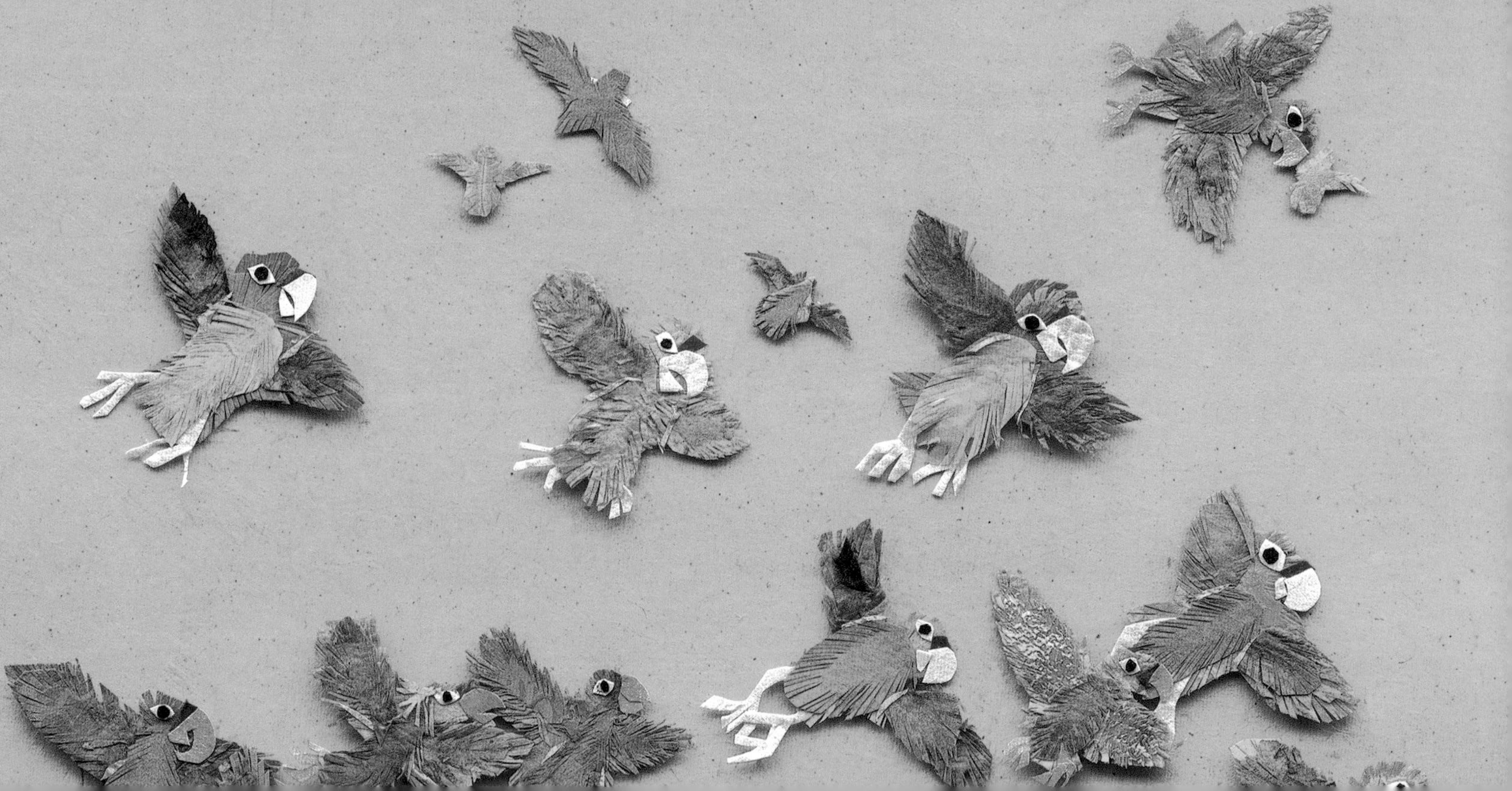